Círculo Rojo

ENTRE CHURROS Y CARÁMBANOS

ENTRE CHURROS Y CARÁMBANOS

Raquel Carbó Campistol

Círculo Rojo
EDITORIAL

Primera edición: febrero 2024

Depósito legal: AL 128-2024

ISBN: 978-84-1061-490-1
Impresión y encuadernación: Editorial Círculo Rojo

© Del texto: Raquel Carbó Campistol
© Maquetación y diseño: Equipo de Editorial Círculo Rojo
© Ilustraciones de interior y cubierta: Mònica Pont Arcarons

Editorial Círculo Rojo
www.editorialcirculorojo.com
info@editorialcirculorojo.com

Impreso en España - Printed in Spain

Con todo mi cariño,
a Pablo A., círculo y espiral de estos versos;
a mi querida amiga Anna B. por su amistad incondicional;
a Mindaugas y a la familia de Lituania;
a mis hijos, Tomas y Màrius, que me iluminan el camino;
a mi querido José A. Moreno y a sus hijos Araitz e Irai;
a mis padres, Xavier y Joana,
a mi hermano Daniel y a mi sobrina Júlia;
a Pere C., que me acompaña
y me ayuda a sortear las piedras de mi camino;
a Susanna B., a mi prima Isabel M., a Sònia B.;
a XC y familia; a Miquel Àngel y Pol;
a Glòria G. i David M., a Jordi I., a Judà I.
y a mis compañeros y compañeras del INS La Miquela, a Jordi P,
a mi querida Mònica Pont, ilustradora de las imágenes
y de la portada de este libro
y, por último, a todas las mosqueteras.

PARTE I:
MADRID

Esta primera parte se la dedico a Pablo A. (Pòl),
mi guía asturiano, que me mostró
y redescubrió un Madrid magnético,
acompañada por su voz y sus pasos.
Porque siempre va a haber en la capital una rotonda,
una estatua y una puerta que guardarán
aquellos momentos tan especiales de julio de 2022.

MADRID

El microscopio del verso
guarda el eco de mis secretos
y así,
el poema avanza,
mientras el vestigio de lo no dicho
se desvanece en la fugacidad de los días,
entre los destellos de esta ciudad.

Las ideas estallan,
no solo porque el verso las anuncia,
sino porque,
dentro de tu recuerdo,
se convierten en un marco perfecto
donde albergar
la poética,
fantástica forma
que elige el verso
para urdir,
de forma singular,
esta realidad.

Plaza de Santa Ana

Vivo en la claridad de un sentimiento,
no muy definido,
del anhelo de reencontrarte
en cada espacio,
en cada esquina.

Un año se cuela ya
desde aquel julio inmenso de vida,
y supongo que por eso,
hoy,
todavía,
aquí,
siento que estás
a mi lado.

Templo de Debod

Ayer,
en el atardecer de tus pilares,
entre rumores y versiones,
el templo acogía nuestros semblantes,
entre palabras raudas
y altas confesiones.
Devota de ti,
ignoraba el futuro
que ocultaba tu amistad.

ATOCHA

Hoy el viento
luce una luz morada
y al día
parece que aún le quedan ganas
de exhibir sinónimos,
entre recuerdos varios
que me preguntan
si aún me acuerdo de ti y de mí
y de las calles de Madrid.
Por supuesto.
¡Cada día!

HUERTAS

En el ir haciendo
de lo pasado,
intuyo el final
de algo no terminado.

Me despego
de los nubarrones
que ya no están.
Y, en forma de verdad disipada,
aparecen cuatro palabras
y cinco certezas.

Puerta de Toledo

Un momento detenido,
una imagen perfecta,
la verdad deshecha
en inclasificables fragmentos.
Y así surge una narración,
la nuestra,
llena de dualismos
y de recuerdos
que se desdibujan.

Fuente de Cibeles

Bajo la mirada perdida de Cibeles,
entre miles de vidas e historias,
entre miles de verdades y sentimientos,
entre infinitas rutinas y sorpresas,
con sensaciones que no dejaban espacio a nada más
mientras me temblaban hasta los pensamientos,
deseé que el miedo no fuera el tutor de tus sentimientos.
Y así, con la esperanza de encontrarme tu puerta segura y abierta,
doblé la esquina de Malvar-Alcalá
y allí te vi,
con unos vaqueros y una camiseta blanca,
con una sonrisa sincera y despejada.

CATEDRAL DE LA ALMUDENA

Caminando junto a ti,
entendí que, a veces,
las miradas
se pueden unir en dos eternidades,
y así,
con la juventud en el comportamiento
y una sensación adictiva,
mi yo más profundo se fue mostrando
a través de conversaciones y miradas,
a través de gestos y palabras,
en medio de una ciudad que nos escondía
en la noche.

Y allí, justo allí, entendí
que la línea del tiempo
no siempre va hacia delante.

FUENTE DE NEPTUNO

Me gusta estar contigo
y no tener que medir lo que digo
o dejo de decir.
Me gusta andar a tu lado
sin hacer ruido
y mirarte
y que me mires,
y así poder inventarme las costumbres
que aún desconozco,
pero que ya percibo
como simbiosis de deseo y respeto.

CALLE ARENAL

Sabemos que este juego terco
no tiene futuro,
que esa emoción que nos llena por instantes
no tiene sentido,
que ese delirio que nos emborracha
no lleva a ninguna parte.
Lo sabemos.

Hemos aprendido a no desistir del momento
y a escribir ese guion de intervalos temporales
a cuatro manos.
Y así,
preservemos las miradas,
para recordarlas después,
para cuando toque releer suave este momento
y sea necesario sobrevivir a la separación acostumbrada,
hasta el próximo reencuentro,
porque nos aterroriza el vacío.

MUSEO NAVAL

Hoy mi mundo ha naufragado,
en un mar sin playas ni arena,
sin rocas ni arrecifes.
Pero mañana zarparé,
zarparé montada en centellas de sueños,
e izaré las velas del tiempo, sin más.
Y entonces, pasado mañana,
sin hacer ruido,
retomaré el viaje,
con el firme deseo de encontrar
realidades que me permitan soñar.

Casa revuelta

Si pudiera
enviarte mensajes
más allá del espacio
que vive entre nosotros…

Si pudiera leerte las intenciones
para complacerme en la imagen
de verme dibujada en ti…

Si pudiera, si pudiera…,
quizás entonces
bajaría la mirada
y disminuiría el volumen de los pensamientos.

VERMUT

A estas alturas,
creo que nos da
un miedo vertiginoso
apostarlo todo a una sola carta.
Y así, vamos por ahí,
despistados,
con un as en la manga,
por si algún día
se acaba el encanto.

La Latina

Si lo quisiéramos
podríamos ser polvo de desiertos infinitos,
viviendo dentro y fuera de la evidencia,
delicadamente,
arrebatadamente,
sin prisas.

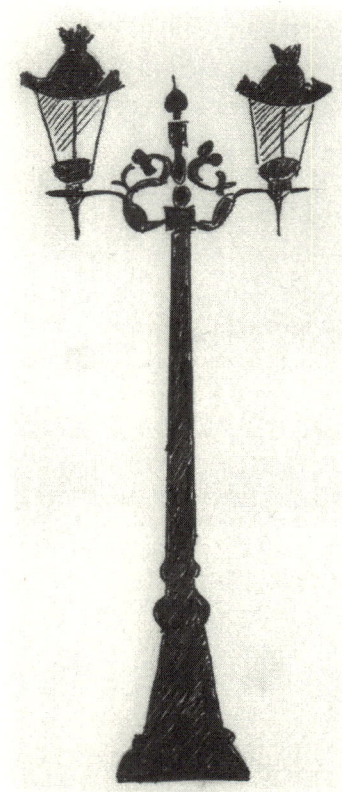

Casa América

El carro,
los leones,
la diosa,
la fuente
y Casa América.
Inconsciente de mí,
no tenía ni idea de que Cronos,
insolente como siempre,
sacaría su hoz
y se deslizarían raudos los minutos,
las horas,
los días.
Y así,
como si nada,
toda una semana al borde del sueño.

PLAZA DE LA PAJA

El verde de mis ojos se diluye
entre los grises adoquines de esta ciudad,
que ya adoro, aun sin conocerla.
Y, aunque el ocre de este julio caluroso
mime mis sentidos a cada segundo,
la espera de tus palabras roza mi piel,
como el trazo de aquel pincel de arena
que desdibuja una ciudad sin mares,
llena de vértigos,
de azares
y de verdades.

Jardín Botánico

Hoy me pregunto si todo ocurre
en un devenir de presentes simultáneos
en un ir haciendo de ambigüedades e interrogantes.
Porque, si es así,
aunque el camino de regreso no sea el mismo,
quizás valga la pena el viaje
y su vahído.

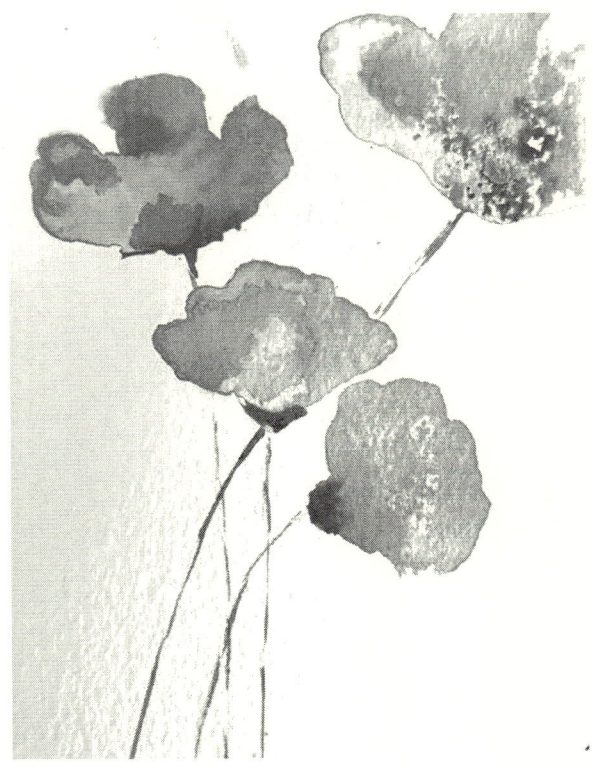

CHUECA

Te miro
y creo
que quiero saberte siempre así,
libre,
como el ahora,
sin retener tu luz,
suave,
ligero,
como el trazo del pincel de Velázquez,
que sin convenios ni atizones
trazaba palabras
que desdibujaban imágenes
suaves,
ligeras,
como la poesía,
pero sin retórica.

Monumento Eugenio d'Ors Rovira

Hoy he salido a la calle
y he visto incendios
y en la acera de al lado
he hallado, esparcidas,
las cenizas de aquellas palabras
que nunca te dije.

GRAN VÍA

Como un frágil oasis de acuarela,
tus ojos hablan de un planeta de ocres,
que orbita galaxias espirales
de esas que,
como olas,
rompen
en océanos de ilusión y anhelo.

Tu mirada, siempre clara,
sugiere intervalos diacrónicos
en un alma de cristal translúcido,
frágil por los caprichos del tiempo,
pero valiente,
valiente y fuerte
por tu coraje,
que mece,
dulcemente,
tus sueños ineludibles.

Plaza de la Villa

Yo te digo que, quizás, solo dos palabras
y cinco sílabas nos separan o nos alejan.

Y tú me miras y me susurras al oído que, quizás, es posible
que lo que somos tenga el poder de sobrevivir en nosotros y, así,
de vez en cuando, puede darnos el énfasis necesario
en este inmenso y frágil devenir.

Y yo te miro y me acerco a tu abrazo, y te digo que quizás sí,
que tienes razón,
que quizás es posible que lo que somos
sabe cercarnos de una manera u otra.

Y tú me miras y me sonríes y me declaras que, quizás,
es posible que lo que somos
vuelva incluso cuando nos abandonemos a las circunstancias
más quebradizas.

Y yo te miro y te manifiesto que, quizás, es posible que lo que
somos lo llevemos esculpido en los silencios y en la mirada.

Y tú me miras y te acercas y me coges de la mano
y me cuentas que, quizás, es por eso que quien sabe verlo
puede leernos como un espejo de evidencias y cadencias.

Palacio Real

¿En qué momento te hiciste poema,
entrelazando mis pensamientos?
¿En qué momento te disipaste en mis emociones,
como la brisa del soplo de un abanico,
que apacigua los intentos?

Puerta del Sol

Vuelo cada día contigo,
en ese vuelo prometido,
más allá del poema,
como una veleta
que sigue la dirección de un viento
disfrazado de ilusión,
de esperanza
y de anhelo.

El Retiro

Trazo con afán
imágenes de tu olvido
y vuelo hacia el mundo
donde, risueños,
me esperan tus ojos,
hechos de sonrisas
y de aeroplanos perdidos.
En la acuarela de los sueños,
sin matices,
reanudo el coraje
de la rueda imparable del tiempo.
Y, de nuevo,
camino.

Paseo de la Castellana

Entre cotidianidades,
llega este domingo
que, con un bochorno centelleante,
no deja ni respirar el día.
La espera no amortigua el calor,
sino que cabila y orbita
en húmedas sensaciones.

Palacio del Príncipe de Anglona

No quiero luchar contra el latido
para silenciar, con insistente enfado,
el arrebato que ondea
como el sueño,
siempre lúcido de embriaguez.

Solo quiero entregarme a la aventura pactada
de vivir este echarte de menos sin intención,
complaciendo a la añoranza,
sin instalarme en la armadura
del prematuro duelo no anunciado.

No quiero cantar al loco amor de los trovadores,
sino bailar contigo al baile del ir haciendo.

Jardines del Príncipe de Anglona

Y es que, antes de ti, era como si todo tuviera sabor a despedida.

Respiro,
miro a lo lejos,
y el cristal refleja las lágrimas
que serpentean frágiles
entre las arrugas
que han ido poblando los años
en mi rostro.

Y es que, antes de ti, era como si todo tuviera sabor a despedida.

Cava Baja

Créeme,
no quiero echar de menos
lo no vivido.
Prefiero salir ahí
y arriesgar,
antes que ver
cómo me tartamudean
hasta los pensamientos.

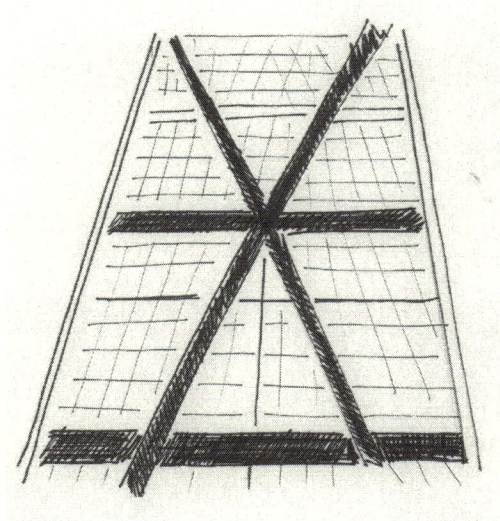

CAVA ALTA

No sé si será la esperanza
de un futuro cercano
que aún no conozco
lo que me inunda el alma
con tormentas
de huecos sonoros.

BARRIO DE SALAMANCA

Un deseo de ilusiones reencontradas
riega una fuerza que crece
y me empuja desde dentro.
Creo que es la vida,
que quiere ofrecerme,
de nuevo, presentes.

PLAZA DOS DE MAYO

Sabes que una historia empieza
cuando sientes que el vértigo
es algo más que una mera cuestión de altura
y lo que antes parecía una aventura sobre lienzo
hoy se postula ante mí como un nuevo comienzo.

Barrio de Malasaña

Me ciño tu palabra en el pecho
cual caballero
que, en la justa,
no quiere
perder el favor de su dama.

Solo el olvido de la memoria
podrá quitarme lo bailado junto a ti
por las calles de Madrid.

Plaza de Cibeles

Alguien debería haberme avisado
de que, a tu lado,
acabaría sintiéndome como una chiquilla

que, asombrada y con la mirada atenta,
sigue los pasos de algo mágico,
abrazada a su peluche,
deseando que nunca llegue el sueño.

Alguien debería haberme avisado
de que, sin ser ya una chiquilla,
mis sueños latirían al ritmo de tus palabras
y de que mi pensamiento y mi alegría
acabarían girando alrededor de tu sonrisa.

Alguien debería haberme avisado.

Calle Alcalà-Malvar

Tu gesto de bienvenida
me arrebató por momentos la razón,
cuando aún creía tenerla intacta.

Perdí la noción del tiempo,
la brújula
y el compás.

Mis pasos te acompañaban agradecidos y alegres,
pero mis ganas
iban en dirección a tus ojos castaños,
guiadas por los matices de tus palabras.

PASEO DEL PRADO

Escuchar
de tu boca
los versos más bonitos
que jamás me había recitado nadie
fue andar

y volar
al mismo tiempo.

Mercado de San Miguel

Hoy,
aquí,
junto a ti,
puedo desechar el pasado,
desenredar el secreto de tus silencios.
Bravas congeladas, aceitunas de Campo Real,
tu sonrisa,
tu gesto,
tu gusto por la cocina,
mi cometido con los cacharros,

tu ingenio y mi jovialidad.
Yo compro y tú cocinas.
Un gran equipo.
Creo que no pudiste sospechar,
ni por un momento,
lo bonitas que quedaban tus palabras
en tus labios.

Calle Bailén

Creo que solo ato palabras
y las pongo en fila india,
ordenándolas,
con imágenes
que el pensamiento me cuenta.
Yo no sé ni dónde nacen,
solo sé que elijo colores
y pinto paisajes.

Palacio Real

Vengo de un palacio de silencios forzosos,
aunque con afanes consistentes y firmes.
Vengo de una tierra de juicios complejos
que acabaron convirtiendo todo mi destello
en barro,
pero, aun así,
tengo, dentro de mí,
un mar infinito para darte.

Puerta de Alcalá

Ambos jugábamos
por las calles,
rozándonos accidentalmente con las manos.
Solo era el tacto,
pero, quizás, eso lo era todo.

No lo sé.

Solo quiero que sepas que,
por extraño que te parezca,
nadie más
ha sido capaz de verme
como tú.

Esquina Instituto Cervantes (Madrid)

A veces no quiero saber ni quién soy
y me emborracho de verdades inertes,
hasta confesar lágrimas.

PLAZA DE SANTA ANA

Hoy me he dado cuenta
de que no creo que exista en este mundo
nada capaz de igualar el entusiasmo de tu voz,
mientras tú me cuentas y yo te escucho.
Hoy me he dado cuenta
de que no creo que exista en este mundo
nada similar a la ilusión de tu mirada,
que, alentada y vibrante,
me enseña
todos los tesoros que escondes en ella.

«Me asomo a la ventana, eres la chica de ayer» (A. Vega)

El Penta

Eso que late en tus oídos
no es el ritmo de una canción,
sino el ruido de mi timón,
que sin muros de contención
busca,
alentado,
el horizonte de tu visión.

Plaza Mayor

Como un nómada incansable,
me he convertido en lluvia de desiertos,
entre un frágil devenir de oasis de hielo.

Aire renovado.

Dos palabras
y cinco sílabas
siempre van a separarnos.

CALLE MAYOR

Díselo
cuando todavía estás a tiempo.
No existe tiempo verbal
más difícil de pronunciar
que un subjuntivo con condicional
atrapado en la garganta
del que no lo supo articular.

CHUECA: *BOLAS DE DRAGÓN*

Dicen que el cielo es de quien sabe volar.
Yo sé que el cielo
ya es tuyo
y también lo es el mar.
Llévame contigo, algún día,
por ahí,
a volar
y dejemos que el tiempo nos encuentre
bajo la ecuación de Dirac.

Barrio de las Letras

Hoy sé que conocerte a ti

fue reconocerme a mí
de nuevo,
como peregrino que viaja con lo puesto

y que un día descubre
que navegar es su sueño.

Conocerte a ti
fue reconocerme a mí
de nuevo.

Museo del Prado

Entre el cuadro y tu pincel,
solo existe un momento.
Y miro el reloj:
solo nos quedan el minuto
y la ironía delirante
de sabernos siervos
del paso del tiempo.

BONANUECHE - BONA NIT

Digan lo que digan los mapas,
yo sé que ni la distancia
ni el silencio
pueden persuadir mi sensación
de sentirte cerca.
Y así,
convencida,
intento escribirte
y explicarte con palabras
que fuiste mi magia sin truco,
la verdad más tangible
de aquel verbo que,
en realidad,
se conjuga con todos mis tiempos
en indicativo
y que,
por esa suma de razones,
hoy sé
que insuflaste vida en mi vida.

Plazo del Callao

Hoy,
en singular impar,
a cada paso
redescubro,
en esta ciudad,
lo mucho que me gustaba andar
a tu lado.

PARTE II:

TU SUEÑO, UNA BARCA Y UNA PLAYA

MI VOZ

Hoy no moderaré mi voz
ni haré biopsia de mis lágrimas
(sería totalmente inapropiado).
Solo accederé
al reino de las palabras
y conversaré con ellas
antes de escribirlas
y les otorgaré
y entregaré
el privilegio de la expresión
o del silencio,
aceptándolas,
en su totalidad,
tal y como son.

LA MAREA

El impulso de sobrevivir a las cenizas
vino con el año nuevo,
después de las lágrimas que rechacé
y de las sonrisas que no acepté,
sin dejar que ninguna marea
ni ningún sol
se acercasen a mí.

Recuerdos

Hoy,

los recuerdos
forman una bonita coreografía
en el tiempo,
como las bailarinas de la caja de música
que bailan juntas
entre momentos
y coyunturas.

GOTAS

De entre tantas gotas
que me rodean,
tú destacas
por frescura,
por hechizo
y complicidad.

De entre tantas gotas
que me arropan,
eres tú quien habita
en este oasis
de amistad
y lealtad.

SIN HECHIZOS

Bebemos, sin hechizos,
los anhelos de una vida.
Nos escondemos entre las grietas
de un recuerdo
que el calendario
ya ha congelado,

¡Despierta!

Un abrigo nuevo

El blanco y el negro de tus palabras
juegan al escondite,
entre incógnitas y dudas,
creando silencios que difuminan mi expresión.

Me detengo y pienso
que quizás lo que quieres es un abrigo nuevo
y el paraguas de siempre.

Corazón en *Adagio*

Hoy, me pregunto de qué sirve tener
un corazón en *adagio* andante
si te juegas el todo por el todo, simplemente porque sí.
Pero el dolor, hábil maestro,
nos obliga a establecer límites,
a dar cuerda a aquel reloj
cuyas manecillas, la inercia del tiempo
había silenciado,
callando el paso de los momentos.

Y así, un día de esos que llueve sobre mojado,
simplemente, por pura supervivencia,
escoges bajar el volumen del cansancio
y arriesgas la decisión.

Y de repente, todo cambia
entre el latido y la amnesia,
entre el interludio y la pausa.

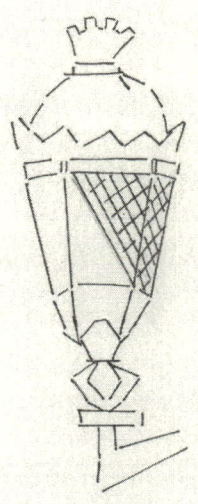

Para Pòl (Pablo A.)

UN DÍA DE ABRIL

Un día de abril,
sin darme cuenta,
llegaste,
acompañado de un aire diferente,
desconocido pero coincidente;
un aire que insuflaba vida al paisaje desolador;
un aire que me veía, me reflejaba y me abrazaba.
Y en uno de estos abrazos, a kilómetros luz,
que ni los dedos rozan,
en uno de estos abrazos dados a tiempo, me salvaste la vida.
¡Sí, sí!
Me salvaste la vida de todas las maneras posibles
en las que se puede salvar a una persona.
Y aunque ni tan solo tengo un espacio
ni un tiempo donde agradecértelo,
si no es aquí, en el poema desgarbado,
quiero hacerte saber que me acompañas en todo momento,
porque tú supiste verme
sin lupas ni instrucciones.

Tu vida conocida
Abandonas tu vida conocida
hasta el momento
y dejas atrás lo que un día
te parecían cimientos,

TU VIDA CONOCIDA

Abandonas tu vida conocida
hasta el momento
y dejas atrás lo que un día
te parecían cimientos,

aunque en realidad solo eran tierras movedizas
disfrazadas, que te arrastraban a un barro indemne
y a un abismo injusto.
Pero poco a poco empiezas a andar
y, aunque en cada pisada de asfalto parece que te arden los pies,
en realidad, avanzas,
poco a poco
y ya no hay barro
ni charcos
y el suelo donde pisas va cogiendo forma de silueta.

En tu ola

A momentos,
aún,
todo el miedo que guardas en los costados
parece golpearte en cada pulso,
porque, en una armadura dañada,
el salvavidas no sirve de mucho.
Pero mira ahí a lo lejos,
¿lo ves?
Sí, ahí, justo ahí,
en tu ola.
Parece que alguien está dispuesto a surfear contigo
y que se vislumbra ya,
en el fondo,
un horizonte plausible y posible.

Para mi sobrina Júlia

CERTEZAS

No hay certezas más evidentes que las nuestras,
pues son estas las que saben atravesar las grietas de nuestra conciencia
e imprimir verdades en nuestros días,
entre prisas,
miradas
y momentos.

MATERIAS INVIABLES

Como materias inviables
de un ocaso infinito,
se revuelven dentro de mí,
indómitas y salvajes,
unas luces de preciosos momentos,
que alimentan el presente
del deseo de echar a volar,
e, intrépidas,
se sublevan
si sigo desdibujando imágenes
concebidas solo para soñar.

FORTUNA

El tiempo y la coreografía inevitable de la fortuna
me advierten que, si el día me susurra necesario,
no podré desampararlo,
porque le debo el calor de esta amistad,
que se conformó en la causalidad
más sincrónica.

Y TE ALEJAS

Y te alejas.

Te alejas
como salvavidas que se lleva la marea;
como ese globo que, sin querer,
se escapa de las manos de una niña.

Te alejas
como si fuera posible que cauce y caudal
pudieran fluir por rutas distintas.

Te alejas, como si la distancia
fuera capaz de esquivar los suspiros.

Y te alejas.

Para Miquel Àngel y Pol

Tan solo unas horas

Abandono el uniforme del miedo
y atravieso ese espacio intangible,
que solo me puede acercar a ti,
donde los pensamientos y los hechos
bailan libremente.

Tan solo unas horas
y ya siento
que quiero dejar que el calendario
vaya más allá del espacio conocido.

EMPEZAR UNA HISTORIA

Yo no sé hacerlo;
no sé empezar una historia,
partiendo de un callejón sin salida,
ni con un gol por penalti en el primer minuto,
como dice mi hijo mayor,
ni mirando la pared toda una vida.
El miedo está hecho de barrotes
y no hay forma de amar
que no conlleve
un poco de riesgo y locura.

TORMENTA

Creo que las gotas de mis ojos
se acumulan en un vapor denso,
en forma de nubes,
de cúmulos y nimbos,
que quieren descargar la tristeza de ver
que ya no te apetece sentirte cerca.
Y así, como si nada,
de buenas a primeras,
queda anunciada una tormenta
mientras el hombre del tiempo
espera los anuncios.

Para J. A. M.

SILENCIOS

Hay heridas
que oscilan entre silencios callados
y efectos secundarios.
Yo solo quiero mudarme
sobre el parche de las verdades
y de los ahoras,
donde solo transitan
algunas historias,
que ya han sobrepasado la línea
que separa los avernos más suaves
de los paraísos más ásperos.
Y es que ahora ya lo sé:
sobran las palabras,
porque la historia es otra.

LAS NUBES

Hoy me hablas de las nubes,
aquellas sobre las que has volado,
y me cuentas que esas mismas
pueden ser víspera de temporales,
de borrascas,
de tormentas que se desplazan
como si de un torbellino sin centro
se tratara.

ALMA

Un día,
antes o después,
las tormentas terminan
y, de repente,
aparece la sonrisa,
como un clic que lo inunda todo,
como esa canción que,
una vez más,
cobra todo el sentido
en cada palabra,
en cada nota,
en cada ola.

La lluvia sobre el mar

Encuentro un verso
en aquel papel,
sobre el que ya habías estado antes,
y me doy cuenta de que es reversible
y que vuelve,
como la lluvia sobre el mar.

En el bolsillo,
solo encuentro
una metáfora
ligera como el viento
y un adiós.

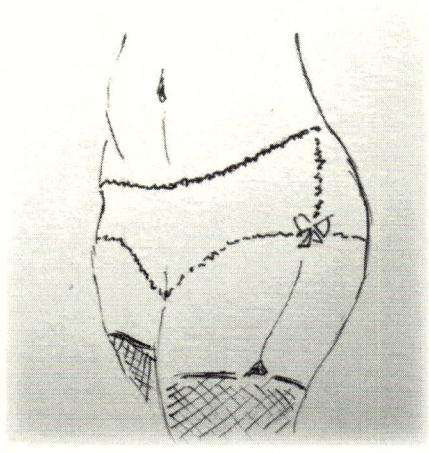

Para Pere C.

MI REFUGIO

Vuelvo a las palabras como a un refugio,
un refugio de tinta y metáforas,
que se mantienen en la pragmática
de la ambigüedad y la tristeza.
Es incómodo y esperanzador
a partes iguales.

Vuelvo a las palabras como a un refugio.

Último naufragio

Las baldas en las que me agarré
en mi último naufragio,
después de seguir todos los caminos
posibles e imposibles,
eran solo un espejismo,
un conjunto de errores,
de heridas,
de cicatrices sin cauterizar,
curadas solo
a golpe de espuma.

LA ARENA DE TU PLAYA

El pensamiento acerca las palabras
a la arena de tu playa,
donde siempre han pertenecido.
Pero la necesidad mueve las ideas,
cual rapsodia
que resuena en tu cabeza.

Y en esta exposición de realidades,
tan leve como el rastro de la frase,
camino y avanzo,
a trompicones,
mientras la huella se deshace
entre las partículas
de algún recuerdo.

Para mi prima Isabel M.

UN CIELO

No te sientas prisionero del hueco,
porque por encima del techo,
te lo aseguro,
por encima del techo,
siempre hay un cielo.

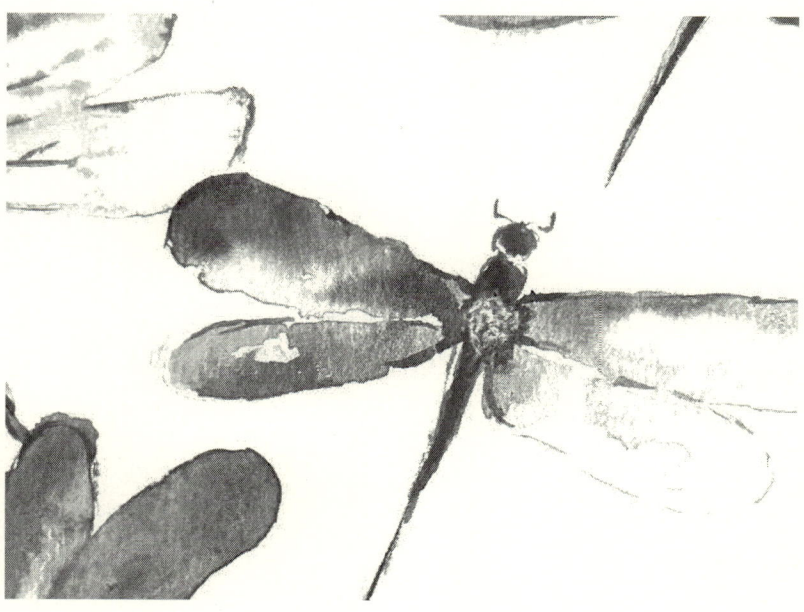

Para J. A. M.

CERCA DE TI

Cerca de ti,
me siento
como una luz azul,
visceral y furtiva
que late tal cual siente,
fugaz y leve,
como la frase que se mueve
y nunca se detiene.

Índice

PARTE I: MADRID 9
    Madrid 12
    Plaza de Santa Ana.. 13
    Templo de Debod.. 14
    Atocha.. 15
    Huertas 16
    Puerta de Toledo.. 17
    Fuente de Cibeles... 18
    Catedral de la Almudena 19
    Fuente de Neptuno.. 20
    Calle Arenal.. 21
    Museo naval 22
    Casa revuelta 23
    Vermut 24
    La Latina 25
    Casa América.. 26
    Plaza de la Paja 27
    Jardín Botánico... 28
    Chueca 29
    Monumento Eugenio d'Ors Rovira 30
    Gran Vía.. 31
    Plaza de la Villa 32
    Palacio Real 33
    Puerta del Sol 34
    El Retiro 35

Paseo de la Castellana 36
Palacio del Príncipe de Anglona 37
Jardines del Príncipe de Anglona 38
Cava Baja 39
Cava Alta.. 40
Barrio de Salamanca 41
Plaza Dos de Mayo... 42
Barrio de Malasaña 43
Plaza de Cibeles 44
Calle Alcalà-Malvar 45
Paseo del Prado.. 46
Mercado de San Miguel.. 47
Calle Bailén 48
Palacio Real 49
Puerta de Alcalá 50
Esquina Instituto Cervantes (Madrid) 51
Plaza de Santa Ana... 52
El Penta 53
Plaza Mayor.. 54
Calle Mayor.. 55
Chueca: *Bolas de dragón* 56
Barrio de las Letras 57
Museo del Prado... 58
Bonanueche - Bona nit... 59
Plazo del Callao 60

PARTE II: TU SUEÑO, UNA BARCA Y UNA PLAYA 61
Mi voz... 63
La marea.. 64
Recuerdos.. 65
Gotas... 66
Sin hechizos.. 67
Un abrigo nuevo... 68

Corazón en *adagio* 69

Un día de abril 70

Tu vida conocida 71

En tu ola 72

Certezas 73

Materias inviables 74

Fortuna 75

Y te alejas 76

Tan solo unas horas 77

Empezar una historia 78

Tormenta 79

Silencios 80

Las nubes 81

Alma 82

La lluvia sobre el mar 83

Mi refugio 84

Último naufragio 85

La arena de tu playa 86

Un cielo 87

Cerca de ti 88